AF438242

LE
COMTE DE CHAMBORD

ou

HENRY V

NOTICE HISTORIQUE

ET

ÉTUDE POLITIQUE

PAR

UN MONTAGNARD

ANNECY

CHARLES BURDET, LIBRAIRE-ÉDITEUR

1871

LE

COMTE DE CHAMBORD

OU

HENRY V

Le manifeste politique du comte de Chambord, publié naguère sous la forme d'une simple lettre, a fait grand bruit dans la presse et y a généralement produit une heureuse impression. Cela ne pouvait être autrement. Il y a, dans toute cette pièce, de si beaux principes, des idées tellement saines et une si merveilleuse franchise de langage, qu'on ne peut la parcourir sans éprouver, pour ainsi dire, un rafraîchissement de l'âme. C'est une surprise d'autant plus agréable que les souverains d'emprunt qui ont gouverné la France, au moins depuis quarante ans, ne nous avaient habitués à rien de pareil.

Nous reproduirons plus bas cet important programme ; mais, avant de le faire, il nous semble tout à fait à-propos, à une époque surtout où l'on oublie si vite, de donner quelques détails biographiques sur le haut personnage qui l'a écrit.

I

Le comte de Chambord, autrement Henry Dieudonné, duc de Bordeaux, est fils de l'infortuné duc de Berry, assassiné en 1820, et petit-fils du roi Charles X, détrôné en 1830. Par sa grand'mère, Marie-Thérèse de Savoie, femme de celui-ci, et sœur du religieux et bon Charles-Félix, ancien roi de Sardaigne, le comte de Chambord se trouve appartenir à la branche aînée de la maison de Savoie. Il lui tient même de plus près que Victor-Emmanuel. Cette considération, intéressante pour tous, le sera plus particulièrement pour les trois départements annexés, faisant partie naguère de la monarchie sarde, et elle ne pourra qu'y augmenter les justes sympathies que ce prince doit inspirer d'ailleurs à tant de titres.

Henry Dieudonné, dont le nom répond aux anxiétés dans lesquelles la mort de son père avait plongé la France, est né le 20 septembre 1820, c'est-à-dire qu'il a aujourd'hui un peu plus de 50 ans. Sa naissance inspira une telle joie aux fidèles serviteurs de la monarchie, qu'ils ouvrirent aussitôt une souscription pour acheter et lui offrir le superbe château de Chambord, bâti sur les bords de la Loire par François Ier. C'est de là que lui est venu le nouveau titre de comte de Chambord qu'il a porté surtout depuis qu'il est sur la terre étrangère.

II

Vers cette époque, Mgr Frayssinous, évêque d'Hermo-
polis, parlant un langage prophétique, s'exprimait ainsi à
son sujet : « Le ciel avait mis dans les cœurs français je ne
sais quelle espèce de certitude qu'il naîtrait un prince qui
serait le sauveur de son pays. Il est né, l'enfant de la
France, donné de Dieu à ses gémissements et à ses prières...
Il sera le roi de son siècle... Il sera le père de ses sujets
par la bonté, surtout il en sera le roi par la justice. Soumis lui-même aux lois, il abattra tout ce qui voudrait s'é-
lever au-dessus d'elles ; ce n'est pas en vain qu'il porte le
glaive... Il fera respecter tout ce que doit respecter tout
honnête homme ; il sentira que pour régner lui-même, il
doit, autant qu'il est en lui, faire régner Celui par qui
règnent les rois.

« Je ne suis pas destiné à voir les prospérités et la gloire
de son règne ; je n'en verrai pas même l'aurore ; mais je
puis du moins le saluer de loin, ce nouveau saint Louis ;
je puis me réjouir à sa naissance, qui est comme le gage
de la réconciliation du ciel avec la terre, de son alliance
nouvelle avec le peuple français et la race de nos rois. Ceux
que l'impie et les factieux voulaient rejeter, seront encore
la pierre angulaire de l'édifice. »

III

Après les fameuses journées de juillet 1830, le comte
de Chambord suivit en exil son grand-père Charles X, et
les autres membres de la branche aînée de Bourbon. Depuis

lors, il a demeuré tour à tour en Angleterre, en Allemagne et en Italie. Il parle et il écrit couramment les langues de ces divers pays. D'un esprit très-fin et très-cultivé, il mêle à un certain sel attique la bonne franchise gauloise. Il est encore aujourd'hui dans toute la vigueur de l'âge, avec un œil vif et une figure des plus régulières et des plus belles, rappelant d'une manière assez frappante celle de son aïeul Henry IV.

Bien qu'il ait vécu à l'étranger depuis l'âge de dix ans, le comte de Chambord n'a pas perdu un seul instant de vue la France, sa patrie. Fort au courant de son histoire ancienne et de son histoire moderne, il en a toujours suivi avec sollicitude, et souvent avec anxiété, toutes les évolutions politiques. En déplorant le mal qui s'y faisait, il applaudissait à tout ce qu'il pouvait regarder comme un progrès légitime. Il avait des mots d'estime et des paroles d'encouragement, lorsqu'il en était le cas, pour toutes ses illustrations contemporaines, et il saisissait volontiers l'occasion de leur faire connaitre sa haute satisfaction. Les gloires de l'armée française surtout, bien qu'elle fût entre les mains d'un pouvoir usurpé, lui tenaient plus particulièrement au cœur, et il applaudissait vivement à ses triomphes, sans distinction d'époques. C'est dire qu'il a le cœur éminemment français.

IV

Le comte de Chambord n'ayant eu que de rares occasions de se produire en public, et ayant soigneusement évité d'exciter, dans son pays, des troubles ou des manifestations quelconques, ce n'est que par ses conversations ou ses lettres particulières qu'on a pu connaître tous ses sentiments, toutes ses pensées à l'égard de son pays. Ces lettres, qui ont été publiées naguère en grande partie, sont fort nombreuses. Elles ont été écrites sur les sujets les plus variés, aux hommes les plus honorables, les plus dévoués à la patrie et dont plusieurs ont vécu assez longtemps avec lui. Ce n'est qu'en les parcourant qu'il est possible de voir de près le comte de Chambord, et de saisir toute sa physionomie. Ne pouvant les reproduire ici en entier, nous nous contenterons d'en citer quelques fragments.

Écrivant, le 14 août 1843, à un vieux soldat de Waterloo, au général Vincent, qu'il invitait à venir visiter avec lui quelques-uns de nos champs de bataille, il lui dit : « Forcé de vivre sur la terre étrangère, je suis du moins heureux et fier lorsque je peux montrer auprès de moi des amis fidèles qui, comme vous, ont toujours combattu pour la France et dont le nom se rattache à la gloire de nos armes. »

Il écrit à un héroïque mutilé de Leipzig, au général de Latour-Maubourg : « En visitant ces champs de bataille, où vous avez si glorieusement combattu à la tête du corps d'armée que vous commandiez, je me suis senti heureux et fier de penser que je compte, parmi les amis qui me sont restés fidèles, des hommes comme vous, qui ont versé leur sang pour la gloire de nos armes et porté si haut le nom français. (14 septembre 1842.) »

Veut-il remercier un de nos plus éminents jurisconsultes, M. Pardessus, des enseignements et des conseils qu'il en a reçus, il lui parle de « son nom, qui rappelle tant d'utiles travaux et d'honorables services rendus à la France ; puis,

avec le sentiment français d'un Bourbon qui croit surtout
à l'honneur, il lui dit de garder cette lettre « seule récom-
pense que puisse offrir l'exil. (10 août 1842.) »

V

La manière dont ce descendant des rois de France com-
prend son droit, et les conséquences qu'il en a tirées pour
fonder ses doctrines et régler sa conduite, sont aussi justes
qu'originales. Il ne considère point son droit comme un
bien propre, mais comme le bien de la nation. Rien dans
ses lettres ne sent l'irritation d'un possesseur dépouillé, ni
l'emportement d'un joueur qui veut sa revanche. « Je regarde les droits que je tiens de ma naissance, écrivait-il à
l'âge de 24 ans, comme appartenant à la France, et, bien
loin qu'ils puissent devenir, dans un intérêt personnel, une
occasion de troubles et de malheurs pour elle, je ne veux
jamais remettre le pied en France que lorsque ma présence
sera utile à son bonheur et à sa gloire. (4 février 1844.) »
L'hérédité monarchique, dont il garde le principe comme
le seul moyen de ramener en France la stabilité du pouvoir,
loin d'être pour lui une source de revendication hautaine
et d'aliment à son ambition, n'est au contraire à ses yeux
qu'une source de devoirs à remplir. « Je ne vois dans les
droits que, d'après les lois antiques de la monarchie, je
tiens de ma naissance, que des devoirs à remplir. La France
me trouvera prêt à me sacrifier pour elle. (5 février 1844.) »
Peu de jours après, il écrivait à un autre : « Je ne viens
pas me constituer prétendant. Dieu, en me faisant naître,
m'a imposé de grands devoirs envers la France, je ne les

oublierai jamais. Quand il m'appellera à les remplir, je serai prêt sans orgueil et sans faiblesse. (19 février 1844.) »

Pénétré de la vérité de cette parole d'un illustre diplomate : *Les Bourbons sont plus qu'une famille, ils sont une institution*, il s'écrie à son tour : *Je ne suis pas un prétendant, je suis un principe*. Et quel peut être le devoir de cet exilé envers la France ? « Mon devoir, répond-il, est de conserver loyalement à mon pays et de transmettre intact à mes successeurs le principe de l'hérédité royale et traditionnelle, seule base de la monarchie vraie, forte, tempérée, à laquelle la France, j'en ai le ferme espoir, voudra de nouveau elle-même confier ses destinées. (A M. le duc de Lévis, 25 juin 1855.) »

VI

Aucune des questions pouvant intéresser l'avenir de la France n'a été négligée par lui. Celle de la décentralisation, de l'organisation du travail, de l'enseignement public, de l'agriculture, etc., ont fait l'objet de ses études spéciales. Voici ce qu'il écrivait, le 22 janvier 1849, à M. Béchard, député du Gard, l'un des promoteurs les plus autorisés de la décentralisation administrative : « Je serais charmé que vous pussiez vous occuper en particulier d'un travail sur l'application pratique de la décentralisation, dont votre discours expose la théorie, et même y formuler vos idées en projets de lois ou de décrets, afin de les rendre encore plus pratiques. »

Plus tard, soit le 12 juin 1855, il répondait ainsi à M. M..., qui lui avait fait différentes communications :

« La question de la décentralisation administrative n'est pas nouvelle pour moi. Elle est depuis longtemps le sujet de mes préoccupations les plus sérieuses, comme de celles de mes amis. Les convictions, à cet égard, sont arrivées à ce point de maturité que les esprits qui, d'abord, y étaient le plus opposés, reconnaissent aujourd'hui la nécessité de modifications dans lesquelles la centralisation du pouvoir, qu'il serait dangereux d'affaiblir, trouverait elle-même de précieux avantages. »

VII

Les questions que, depuis plusieurs années, on a appelées questions ouvrières, ou mieux encore questions sociales, ont fourni aussi au studieux exilé un champ habituel de réflexions et de recherches. Il y revient souvent dans sa correspondance. « Je regarde comme un devoir d'étudier dès à présent, écrivait-il le 11 octobre 1844, tout ce qui se rattache à l'organisation du travail et à l'amélioration du sort des classes laborieuses. Quels que soient les desseins de la Providence sur moi, je n'oublierai jamais que le grand roi Henri IV, mon aïeul, a laissé à tous ses descendants l'exemple et le devoir d'aimer le peuple. C'est là un héritage qui ne peut m'être enlevé..... (Au vicomte du Bouchage, membre de la Chambre des Pairs.) »

S'occupant aussi, dans la lettre déjà citée du 12 juin 1855, de ce qui regarde les classes ouvrières et l'organisation du travail, il écrit ce qui suit : « Quant aux associations ouvrières, elles ont pris, depuis plusieurs années, un développement qui n'a point échappé à mon attention. En se formant dans des idées d'ordre, de moralité, d'assistance mutuelle, en régularisant leur existence sous l'autorité tutélaire des lois, et en évitant, avec les abus du monopole qui, à une autre époque, amenèrent la suppression des anciens corps de métiers, tout ce qui pourrait en faire des instruments de troubles et de révolutions, ces associations constitueront de plus en plus des intérêts collectifs sérieux, qui auront naturellement droit à être représentés et entendus pour pouvoir être efficacement protégés. Du reste, ces intérêts et toutes les questions qui s'y rapportent ont été, dans tous les temps, mes amis le savent bien, l'un des principaux objets de mes méditations, et vous ne pouvez douter que mes plus vives sympathies ne soient acquises d'avance à tout ce qui tendra à l'amélioration du sort des classes laborieuses. »

VIII

Ne voulant point donner à cet écrit une trop grande étendue, nous sommes forcé de supprimer ici une foule d'autres détails des plus intéressants. Néanmoins, afin de faire connaître d'une manière un peu complète les idées politiques du comte de Chambord, nous reproduirons une grande partie de la lettre qu'il écrivait, de Venise, à M. Berryer, le 23 janvier 1851. On verra que les principes qu'il a développés, dans son dernier manifeste, n'ont pas changé, et qu'ils sont les mêmes que ceux qu'il professait déjà, il y a vingt ans. Faisant allusion à un discours que venait de prononcer l'illustre orateur, et qu'il avait lu dans les journaux, il lui dit :

« C'est bien là cette politique de conciliation, d'union,

de fusion qui est la mienne, et que vous avez si éloquemment exposée ; politique qui met en oubli toutes les divisions, toutes les récriminations, toutes les oppositions passées, et veut pour tout le monde un avenir où tout honnête homme se sente, comme vous l'avez bien dit, en pleine possession de sa dignité personnelle.

« Dépositaire du principe fondamental de la monarchie, je sais que cette monarchie ne répondrait pas à tous les besoins de la France, si elle n'était en harmonie avec son état social, ses mœurs, ses intérêts, et si la France n'en reconnaissait et n'en acceptait avec confiance la nécessité. Je respecte mon pays autant que je l'aime. J'honore sa civilisation et sa gloire, autant que les traditions et les souvenirs de son histoire. Les maximes qu'il a fortement à cœur et que vous avez rappelées à la tribune, l'égalité devant la loi, le libre accès pour tous les mérites à tous les emplois, à tous les honneurs, à tous les avantages sociaux ; tous ces grands principes d'une société éclairée et chrétienne me sont chers et sacrés comme à vous, comme à tous les Français.

« Donner à ces principes toutes les garanties qui leur sont nécessaires par des institutions conformes aux vœux de la nation, et fonder, d'accord avec elle, un gouvernement régulier et stable, en le plaçant sur la base de l'hérédité monarchique et sous la garde des libertés publiques à la fois fortement réglées et loyalement respectées, tel serait l'unique but de mon ambition. J'ose espérer qu'avec l'aide de tous les bons citoyens, de tous les membres de ma famille, je ne manquerai ni de courage, ni de persévérance pour accomplir cette œuvre de restauration nationale, seul moyen de rendre à la France ces longues perspectives de l'avenir, sans lesquelles le présent, même tranquille, demeure inquiet et frappé de stérilité.

« Après tant de vicissitudes et d'essais infructueux, la France, éclairée par sa propre expérience, saura, j'en ai la ferme confiance, reconnaître elle-même où sont ses meilleures destinées. Le jour où elle sera convaincue que le principe traditionnel et séculaire de l'hérédité monarchique est la plus sûre garantie de la stabilité de son gouvernement, du développement de ses libertés, elle trouvera en moi un Français dévoué, empressé de rallier autour de lui toutes les capacités, tous les talents, toutes les gloires, tous les hommes qui, par leurs anciens services, ont mérité la reconnaissance du pays. »

On a dit souvent que si M. le comte de Chambord revenait en France et remontait sur le trône de ses ancêtres, il n'y apporterait que des idées absolutistes, qu'il rétablirait les castes, les priviléges, en un mot tous les inconvénients de l'ancien régime. La lettre que nous venons de citer répond à tout cela. Elle suffit à détromper et à éclairer tous les hommes sincères. Nous n'y ajouterons rien.

IX

Nous avons tâché de faire connaître le comte de Chambord au point de vue politique. Il manquerait quelque chose à cette petite notice si nous ne disions encore ce que peut être, au point de vue religieux, l'héritier des rois très-chrétiens. Nous pouvons affirmer qu'il est, même sous ce rapport, tel qu'on doit le désirer. Pour en fournir une preuve, il nous suffira de citer encore les lignes suivantes qu'il écrivait, le 25 avril 1859, à Mme la marquise de Villeneuve-Arifat :

« J'ai été vivement touché, Madame la marquise, de l'éloquent et chaleureux appel de Mgr l'évêque d'Alger, au sujet de la chapelle de Notre-Dame d'Afrique. Comme chrétien et comme Français, je m'associe du fond de mon âme à cette grande et sainte pensée qui doit consacrer le religieux souvenir de l'éclatant et dernier triomphe remporté, sur la barbarie, par la noble épée de la France monarchique. Le zélé prélat recevra bientôt mon offrande. Je regrette seulement qu'elle soit si modeste. Mais j'ai la ferme et douce confiance que le denier de l'exilé n'en sera pas accueilli moins favorablement par la Vierge bienheureuse qui, dans tous les temps, a couvert de sa puissante protection les enfants et le royaume de saint Louis. »

Lorsqu'on rapproche ces paroles de celles qu'il a fait entendre et que nous allons lire tout-à-l'heure, au sujet du Souverain-Pontife, on ne peut se défendre d'une certaine émotion. L'âme en est profondément soulagée, et l'on sent bien que l'on a devant soi un petit-fils du saint roi de France, imprégné de ses principes et de ses traditions.

X

Voici maintenant la pièce importante que nous avons annoncée, c'est-à-dire le manifeste politique qui a paru dans tous les journaux. Il achèvera de mettre au grand jour les pensées et les sentiments de l'auguste exilé :

LETTRE DU COMTE DE CHAMBORD.

« Comme vous, mon cher ami, j'assiste, l'âme navrée, aux cruelles péripéties de cette abominable guerre civile qui a suivi de si près les désastres de l'invasion.

« Je n'ai pas besoin de vous dire combien je m'associe aux tristes réflexions qu'elle vous inspire et combien je comprends vos angoisses.

« Lorsque la première bombe étrangère éclata sur Paris, je ne me suis souvenu que des grandeurs de la ville où je suis né, j'ai jeté au monde un cri qui a été entendu. Je ne pouvais rien de plus, et aujourd'hui, comme alors, je suis réduit à gémir sur les horreurs de cette guerre fratricide.

« Mais ayez confiance, les difficultés de cette douloureuse entreprise ne sont pas au-dessus de l'héroïsme de notre armée.

« Vous vivez, me dites-vous, au milieu d'hommes de tous les partis, préoccupés de savoir ce que je veux, ce que je désire, ce que j'espère ?

« Faites-leur bien connaître mes pensées les plus intimes et tous les sentiments dont je suis animé.

« Dites-leur que je ne les ai jamais trompés, que je ne les tromperai jamais, et que je leur demande, au nom de nos intérêts les plus chers et les plus sacrés, au nom de la civilisation, au nom du monde entier, témoin de nos malheurs, d'oublier nos dissensions, nos préjugés et nos rancunes.

« Prémunissez-les contre les calomnies répandues dans l'intention de faire croire que, découragé par l'excès de nos infortunes et désespérant de l'avenir de mon pays, j'ai renoncé au bonheur de le sauver.

« Il sera sauvé le jour où il cessera de confondre la licence avec la liberté ; il le sera surtout quand il n'attendra plus son salut de ces gouvernements d'aventure qui, après quelques années de fausse sécurité, le jettent dans d'effroyables abimes.

« Au-dessus des agitations de la politique, il y a une France qui souffre, une France qui ne peut périr et qui ne périra pas ; car, lorsque Dieu soumet une nation à de pareilles épreuves, c'est qu'il a encore, sur elle, de grands desseins.

« Sachons reconnaitre enfin que l'abandon des principes est la vraie cause de nos désastres.

« Une nation chrétienne ne peut pas impunément déchirer les pages séculaires de son histoire, rompre la chaine de ses traditions, inscrire en tête de sa constitution la négation des droits de Dieu, bannir toute pensée religieuse de ses codes et de son enseignement public.

« Dans ces conditions, elle ne fera jamais qu'une halte dans le désordre ; elle oscillera perpétuellement entre le césarisme et l'anarchie, ces deux formes également honteuses des décadences païennes, et n'échappera pas au sort des peuples infidèles à leur mission.

« Le pays l'a bien compris quand il a choisi pour mandataires des hommes éclairés, comme vous, sur les besoins de leur temps, mais non moins pénétrés des principes nécessaires à toute société qui veut vivre dans l'honneur et dans la liberté.

« C'est pourquoi, mon cher ami, malgré ce qui reste de

préjugés, tout le bon sens de la France aspire à la monarchie. Les lueurs de l'incendie lui font apercevoir son
chemin ; elle sent qu'il lui faut l'ordre, la justice, l'hon-
neté, et qu'en dehors de la monarchie traditionnelle elle ne
peut rien espérer de tout cela.

« Combattez avec énergie les erreurs et les préventions
qui trouvent un accès trop facile jusque dans les âmes
les plus généreuses.

« On dit que je prétends me faire décerner un pouvoir
sans limites. Plût à Dieu qu'on n'eût pas accordé si légè-
rement ce pouvoir à ceux qui, dans les jours d'orage, se
sont présentés comme sauveurs ; nous n'aurions pas la
douleur de gémir aujourd'hui sur les maux de la patrie.

« Ce que je demande, vous le savez, c'est de travailler
à la régénération du pays ; c'est de donner l'essor à toutes
ses aspirations légitimes ; c'est, à la tête de toute la
maison de France, de présider à ses destinées, en soumet-
tant avec confiance les actes du gouvernement au sérieux
contrôle de représentants librement élus.

« On dit que la monarchie traditionnelle est incompa-
tible avec l'égalité de tous devant la loi.

« Répétez bien que je n'ignore pas à ce point les leçons
de l'histoire et les conditions de la vie des peuples. Com-
ment tolérerais-je des priviléges pour d'autres, moi qui ne
demande que celui de consacrer tous les instants de ma
vie à la sécurité et au bonheur de la France, et d'être toujours à la peine, avant d'être avec elle à l'honneur ?

« On dit que l'indépendance de la papauté m'est chère,
et que je suis résolu à lui obtenir d'efficaces garanties.
On dit vrai.

« La liberté de l'Église est la première condition de la paix des esprits et de l'ordre dans le monde. Protéger le Saint-Siége fut toujours l'honneur de notre patrie et la cause la plus incontestable de sa grandeur parmi les nations. Ce n'est qu'aux époques de ses plus grands malheurs que la France a abandonné ce glorieux patronage.

« Croyez-le bien, je serai appelé, non-seulement parce que je suis le droit, mais parce que je suis l'ordre, parce que je suis la réforme, parce que je suis le fondé de pouvoirs nécessaire pour remettre en sa place ce qui n'y est pas, et gouverner avec la justice et les lois, dans le but de réparer les maux du passé et de préparer enfin un avenir.

« On se dira que j'ai la vieille épée de la France dans la main, et dans la poitrine ce cœur de roi et de père qui n'a point de parti. Je ne suis point un parti et je ne veux pas revenir pour régner sur un parti. Je n'ai ni injure à venger, ni ennemi à écarter, ni fortune à refaire, sauf celle de la France, et je puis choisir partout les ouvriers qui voudront s'associer loyalement à ce grand ouvrage.

« Je ne ramène que la Religion, la Concorde et la Paix, et je ne veux exercer de dictature que celle de la clémence, parce que, dans mes mains et dans mes mains seulement, la clémence est encore la justice.

« Voilà, mon cher ami, pourquoi je ne désespère pas de mon pays et pourquoi je ne recule pas devant l'immensité de la tâche.

« La parole est à la France et l'heure est à Dieu. »

HENRI.

8 mai 1871.

XI

Telles sont les paroles et tel est l'homme qui viennent de fixer l'attention, non-seulement de la France, mais encore de l'Europe entière. Le comte de Chambord a dit en terminant sa lettre : « La parole est à la France, et l'heure est à Dieu. » Nous finirons comme lui. Décidés à respecter la volonté nationale, nous en attendrons la libre expression ; mais, en contemplant, d'une part, les maux de la patrie et l'abime dans lequel nous sommes tombés ; en voyant, de l'autre, la nullité des remèdes qu'on nous offre et les déceptions amères qu'on nous réserve encore, il nous semble difficile de ne pas tourner les yeux vers le Sauveur que la Providence paraît nous avoir ménagé, et de hâter de nos vœux l'heure de la délivrance.

P.-S. — Nous ne pouvons terminer cette étude, sans répondre deux mots à une objection dont abusent beaucoup de personnes pour tromper le vulgaire ignorant. On nous dit : Le comte de Chambord n'a point d'enfants. Après sa mort ce sera tout à recommencer, et nous aurons de nouveaux désordres. Ne vaudrait-il pas mieux choisir un autre roi, et en prendre un directement, par exemple, dans la famille d'Orléans ?

La réponse est facile. La France n'est pas le seul pays où l'on trouve des souverains sans enfants. Cela se présente un peu partout ; mais, la loi fondamentale, dans toutes les monarchies héréditaires, a prévu le cas. Lorsque le souverain n'a pas d'héritiers, en ligne directe, ou même lorsqu'il n'a pas d'enfants mâles, dans les pays soumis à la loi salique, la couronne passe à ses frères, à ses neveux ou à ses cousins les plus rapprochés. Cela se fait de plein droit et sans aucune contestation.

Ainsi, naguère, le roi de Prusse Frédéric-Guillaume, mort sans enfants, a laissé la couronne à son frère Guillaume, l'empereur actuel d'Allemagne. Ainsi, en Autriche, l'empereur Ferdinand l'a laissée à son neveu François-Joseph, qui la porte aujourd'hui. Ainsi, dans les États-Sardes, le roi Charles-Félix l'a laissée à son cousin Charles-Albert de Carignan. Ainsi encore, en France, Henri III a eu pour successeur son cousin Henri IV, comme, plus tard, Louis XVIII a laissé le trône à son frère Charles X.

Cela étant, si le comte de Chambord vient à mourir sans enfants mâles, il aura pour successeurs légitimes ses cousins, les princes de la famille d'Orléans. La chose se fera sans bruit, sans troubles, sans contestation aucune, et la couronne passera à l'instant même sur la tête du chef de cette famille, en vertu de la loi fondamentale et du principe reçu : « Le roi est mort, vive le roi ! »

Annecy. — Typ. de Ch. Burdet.